GIOTTO
ET LE SOUCI DU RÉEL

—— Les premiers pas
de la Renaissance italienne

par Céline Muller

50MINUTES

Avec la collaboration d'Angélique Demur

GIOTTO

- **Nom ?** Ambrogiotto di Bondone ou Giotto di Bondone.
- **Naissance ?** Né en 1266 ou 1267 à Vespignano ou Romignano (Italie).
- **Mort ?** Décédé le 8 janvier 1337 à Florence.
- **Contexte ?** À la fois peintre, sculpteur et architecte, Giotto s'illustre en tant que rénovateur de la peinture occidentale. C'est à partir de son œuvre que s'initie la première Renaissance, qui apparaît au XIVe siècle en Italie. De plus, sa nouvelle vision du monde, qui place l'homme au centre de l'univers, jette les bases du courant humaniste.
- **Œuvres majeures ?**
  - Les fresques de la basilique Saint-François d'Assise (vers 1300)
  - *La Vierge d'Ognissanti* (1300-1303)
  - Les fresques de l'église de l'Arena de Padoue (1303-1306)
  - Le *Crucifix* de l'église Santa Maria Novella de Florence (1315)
  - *Triptyque Stefaneschi* (1315-1320)
  - *Polyptyque Peruzzi* (1318-1322)

Giotto est sans conteste l'une des personnalités majeures du *trecento*, le XIVe siècle italien. Admirée par ses contemporains, son œuvre a un impact extraordinaire sur les mentalités et les productions artistiques de l'époque. Dans un contexte marqué par la rivalité entre cités-États, les œuvres d'art deviennent à la fois un motif d'orgueil pour les habitants et un enjeu politique, servant la propagande des puissants qui ont à cœur de faire de leur ville la plus prestigieuse de la péninsule italienne.

La Toscane, et plus particulièrement Florence, constitue le berceau de la Renaissance. La cité florentine, immense chantier artistique en constante activité, domine les autres villes sur tous les plans – sculpture, peinture et architecture –, tant sa production est abondante, et voit en outre naître de multiples innovations techniques. De nombreux artistes florentins, tels que Cennino Cennini (vers 1370-1440) ou Lorenzo Ghiberti (1378-1455) assortissent leur travail d'une réflexion théorique jusque-là inédite. Aujourd'hui encore, l'idée que l'histoire de l'art italien (et même européen) s'est développée à partir de Florence et en fonction d'elle est fermement ancrée dans les esprits.

Grâce à son observation minutieuse de la nature, Giotto opère une rupture, déjà décisive pour ses contemporains, par rapport à la tradition byzantine, qui se limite à la représentation d'archétypes conventionnels. Le célèbre poète florentin Dante Alighieri (1265-1321) chante ses louanges dans le chant XI de sa *Divine Comédie* : « Cimabue se croyait le maître de la peinture, mais aujourd'hui Giotto, en vogue, obscurcit sa renommée. » Son prestige est tel qu'il crée de nombreux émules, les « giottesques », disséminés dans des écoles locales comme celles de Rimini ou de Naples et travaillant à la manière du maître.

CONTEXTE

LE *TRECENTO* ITALIEN, FOYER DE LA RENAISSANCE

Si l'Italie a toujours eu un rôle prépondérant dans l'évolution des arts, de la fin du XIIIe siècle au XVIe siècle, elle domine véritablement la scène artistique internationale. En effet, c'est en son sein, et plus particulièrement en Toscane et en Ombrie, que s'amorcent les prémices de la Renaissance, dès le début du XIVe siècle.

À cette époque, l'Italie se compose d'une multitude de cités-États plus ou moins rivales, tant sur le plan économique que culturel. Les plus célèbres d'entre elles sont Gênes, Pise et surtout Venise, qui constituent, en raison de leur position stratégique, les principales puissances maritimes européennes. En cette période de croisades, elles sont un passage quasi obligé pour transiter jusqu'en Terre sainte. À côté des cités de moyenne importance que sont le duché de Milan et le royaume de Naples, Florence possède dès le XIVe siècle un statut de foyer artistique d'excellence. Économiquement, en revanche, l'heure n'est pas encore au faste, comme ce sera le cas à partir de l'installation de la famille Médicis en 1434. Cependant, les guerres civiles qui font rage en Toscane entre guelfes et gibelins s'apaisent et la cité remporte même une petite victoire sur la ville rivale de Sienne qui lui est, pour un temps, assujettie.

LES GUELFES ET LES GIBELINS

Depuis la chute de l'Empire romain d'Occident, au Ve siècle, l'histoire de la Toscane est rythmée par les conflits et les guerres de succession. Les batailles, d'abord menées par les citoyens toscans, sont rapidement confiées à des mercenaires,

D'une manière générale, les villes qui sont les foyers les plus importants de la Renaissance sont aussi celles qui sont en contact avec d'autres civilisations, notamment la civilisation islamique installée en Sicile et en Espagne. Grâce à ces échanges, l'Italie s'initie peu à peu aux sciences et techniques étrangères, très en avance, par exemple, dans les domaines de la médecine, de l'alchimie, de l'algèbre, de la géographie ou encore de l'astronomie. C'est ainsi que la numérotation arabe est introduite dans la péninsule italienne, donnant une base à la comptabilité et à la banque moderne. De même, en architecture, les avancées dans le domaine de la géométrie permettent aux architectes toscans de se lancer dans des entreprises de plus en plus ambitieuses.

L'ART, SIGNE DE PUISSANCE ET OUTIL DE PROPAGANDE

L'essor industriel, commercial et bancaire sans précédent de la Toscane et du Nord de l'Italie, couplé à la rivalité entre les différentes cités-États, contribue largement au développement culturel. L'art sert non seulement la propagande religieuse, comme ce fut déjà le cas durant tout le Moyen Âge, mais aussi les nouvelles classes dirigeantes. Celles-ci entendent bien asseoir leur autorité et faire étalage de leur puissance et de leur prestige en promouvant la création artistique. Ainsi, la multiplication des petits panneaux à destination de commanditaires privés élargit considérablement le champ d'activité des peintres, ainsi que leur clientèle. Après l'Église, les cités-États deviennent les plus grands pourvoyeurs de commandes. Elles abritent dorénavant des corporations de métiers cherchant avant tout à exalter leur richesse et leur pouvoir à travers la grandeur de leurs constructions ou la beauté de leurs productions. Des architectes sont notamment chargés d'améliorer et d'embellir l'espace citadin : on construit des palais et des cathédrales, mais également des monuments à destination des citoyens comme, par exemple, des fontaines publiques.

Chaque cité, défendant farouchement son autonomie politique, économique et culturelle, développe une pratique artistique propre, ce qui donne lieu à plusieurs écoles. Dans le domaine de la peinture, citons notamment celles de Florence et de Sienne, qui apparaissent à cette époque comme deux centres artistiques incontournables, même si leur activité est quelque peu freinée par une épidémie de peste noire en 1348.

Si un art sensiblement plus profane voit le jour au XIVe siècle en Italie, les sujets religieux conservent néanmoins la première place. En effet, à côté des cités-États, un nouveau catalyseur de l'activité artistique se met en place : le couvent, qui devient une institution majeure. Les franciscains et les dominicains – les deux principaux ordres religieux, qualifiés de « mendiants » parce qu'ils dépendent de la charité publique pour vivre – s'installent à l'intérieur même des villes, au plus près de leurs fidèles, et utilisent l'art comme moyen de propagande et d'éducation. La figure de saint François (vers 1181-1226), fondateur de l'ordre des franciscains, est largement promue et abondamment utilisée sur tous les supports (vitraux, fresques, retables, etc.). En outre, délaissant leur austérité initiale pour exalter la gloire de Dieu, les ordres mendiants entreprennent de diffuser l'architecture gothique dans toute l'Italie. Largement rétribués par la noblesse locale, désireuse de se racheter une conduite, ils construisent des bâtiments tou-jours plus hauts et élancés afin que l'âme humaine puisse s'élever jusqu'à Dieu.

BIOGRAPHIE

QUAND LA LÉGENDE SE MÊLE À L'HISTOIRE

On situe la naissance de Giotto di Bondone entre 1266 et 1267 dans le village de Colle di Vespignano, au nord-est de Florence. Ses débuts sont peu connus. Il est probable que, comme beaucoup de familles d'origine modeste, les Bondone se soient installés en ville pour y trouver un meilleur sort et aient placé leur fils en apprentissage chez un maître local. En revanche, on connaît bien mieux la légende rapportée par celui que l'on considère comme le père de l'histoire de l'art, Giorgio Vasari (1511-1574). Dans ses *Vies des meilleurs peintres, sculpteurs et architectes*, ouvrage publié à Florence en 1568, celui-ci fait de Giotto le premier disciple du célèbre Cimabue (vers 1240-1302), l'initiateur du réalisme dans la peinture byzantine. D'après Vasari, le peintre aurait remarqué Giotto alors qu'il gardait les chèvres de son père tout en dessinant sur des pierres à l'aide d'un morceau de charbon. Ébloui par son talent, il l'aurait immédiatement installé dans son atelier.

S'il est impossible de vérifier l'anecdote, il est cependant certain que le style de Giotto s'inspire fortement de celui de Cimabue. On peut donc penser que les deux peintres se sont rencontrés à Florence et que le grand maître l'a pris sous sa protection à ce moment-là. Par ailleurs, comme c'était d'usage à l'époque, le jeune apprenti a certainement terminé sa formation par un voyage à Rome vers 1280.

LES PREMIÈRES ŒUVRES À ASSISE

Il est probable que Giotto ait ensuite suivi Cimabue vers la grande basilique de Saint-François à Assise, le plus grand chantier artistique de l'époque en Italie. Après bien des débats, les historiens de l'art s'accordent aujourd'hui pour attribuer au peintre la paternité des 28 fresques de la *Vie de saint François*, peintes sur les deux murs de la nef et sur la partie intérieure de la façade dans la dernière décennie du XIIIe siècle. Ces fresques, dont la technique est pourtant très courante dans l'Italie de l'époque, sont néanmoins novatrices dans leur traitement : pour la première fois, un peintre s'inspire de la nature afin de composer son œuvre. Comme son maître, Giotto rompt avec la tradition byzantine et son système de conventions strictes et archétypales.

L'ART BYZANTIN

L'art byzantin couvre la période allant de la chute de l'Empire romain d'Occident en 476 à la prise de Constantinople par les Turcs en 1453. Dans le domaine pictural, on trouve essentiellement des peintures édifiantes, c'est-à-dire destinées à éduquer ou à émouvoir les foules pieuses. Elles adoptent un style très conventionnel où les figures humaines sont représentées sous forme d'archétypes, de modèles généraux. Le réalisme est donc complètement absent. De même, les décors sont totalement abstraits, se limitant le plus souvent à un fond d'or, typique du style byzantin.

ENTRE ROME, RIMINI ET PADOUE

Vers 1290, Giotto épouse Ciuta di Lapo del Pela dont il aura huit enfants, quatre fils et quatre filles, dont un seulement, appelé Francesco, suivra les traces de son père. Malheureusement, la carrière de ce dernier ne connaîtra pas le même succès. Son aînée, Caterina, en revanche, épousera un peintre et donnera naissance à Stefano, le père de l'artiste Giotto di Stefano (1324-1369), connu sous le nom de Giotto le Jeune ou de Giottino.

Giotto se rend peu après à Rome pour un séjour dont il ne reste aucune œuvre pouvant lui être attribuée avec certitude. Cependant, on décèle son influence sur la peinture romaine de l'époque. De même, si sa présence est difficilement démontrable ou datable dans les alentours de Rimini (Émilie-Romagne), son influence sur les artistes locaux est incontestable. On parlera d'ailleurs, dans les siècles suivants, d'« écoles giottesques de Rimini », preuve de l'impact qu'a eu l'artiste sur la production artistique de cette région.

La décoration de la chapelle Scrovegni (ou chapelle Santa Maria dell'Arena) de l'église de l'Arena de Padoue est quant à elle attribuée à Giotto avec certitude. Considérée comme l'un des chefs-d'œuvre de l'artiste, elle représente également un important tournant dans l'histoire de la peinture européenne. Fort de l'expérience acquise à Assise, le peintre se consacre à la chapelle Scrovegni de 1303 à 1306, un temps exceptionnellement court pour une œuvre de cette envergure, comportant pas moins de 53 fresques. L'artiste peint de manière de plus en plus réaliste, abandonnant même les fonds dorés byzantins pour s'essayer aux décors architecturaux. Par ailleurs, sa palette de couleurs s'étoffe également pour s'approcher au plus près de la nature.

DERNIÈRES ESCALES À NAPLES ET À FLORENCE

Si les dates des précédents voyages de Giotto sont floues et leur documentation incertaine, les archives attestent bien sa présence, début 1330, à Naples, où il est appelé par le roi Robert d'Anjou (1278-1343). Il est, encore une fois, difficile de lui attribuer une œuvre en particulier puisque le peintre ne signe pas ses productions, mais on ne peut nier son influence sur des fresques de style giottesque conservées dans le royaume. Comme à Rimini, il s'y développe une école directement inspirée de Giotto.

Il reste à citer le travail d'architecte et de sculpteur que l'artiste effectue notamment à Florence. En 1334, la ville adopte d'ailleurs le peintre comme son « Magnus magister » (« Grand maître ») et le nomme architecte en chef de la célèbre cathédrale Santa Maria del Fiore (à l'époque, Santa Reparata). On attribue à Giotto les premières assises de la façade, la forme des fenêtres des nefs latérales et surtout le campanile. Il s'agit d'une tour carrée à trois étages de fenêtres, décorée de différents marbres de couleur, rehaussée de bas-reliefs et de statues, abritant les cloches appelant les fidèles à la prière. Cependant, la mort de Giotto, le 8 janvier 1337, met malheureusement un terme à sa participation à l'édifice. Il y sera enterré en grande pompe, ultime témoignage de l'admiration que lui vouaient ses contemporains.

CARACTÉRISTIQUES

UNE PEINTURE DE TRANSITION

Avec la peinture de Giotto, on passe du gothique italien, qui se caractérise par un style italo-byzantin, à un art déjà pré-renaissant. Le peintre appartient donc à un mouvement de transition qui regroupe des artistes traditionnellement appelés les « primitifs italiens ». Parmi eux, on trouve notamment Cimabue, Lippo Memmi (1291-1356) ou encore Agnolo Gaddi (1350-1396). Ils introduisent trois nouveautés dans la peinture du *trecento* :

- l'humanisation des personnages. Giotto abandonne la conception figée et symbolique de l'être humain au profit d'une représentation plus naturaliste, reposant sur l'observation de la nature. En cela, l'artiste est certainement influencé par Cimabue ;
- l'intégration des paysages. Les fonds d'or typiques du style byzantin sont remplacés par des décors plus élaborés et les scènes religieuses sont intégrées à un contexte pictural. Les personnages ne flottent donc plus dans un espace irréel, mais prennent part à de petites mises en scène ;
- la création d'architectures complexes. On ne parle pas encore de perspective parfaite – les lois de la perspective seront codifiées par Filippo Brunelleschi (1377-1446) au début du XVe siècle –, mais Giotto utilise déjà des raccourcis picturaux qui confèrent à ses œuvres une impression de profondeur. Il obtient ces effets de perspective en représentant les objets en oblique, comme s'ils s'éloignaient ou s'approchaient du spectateur. Pour que l'impact visuel fonctionne, il rétrécit les objets. Toutefois, l'action se déroule suivant des proportions et des perspectives propres au cadre que Giotto peint : celles-ci varient donc d'un tableau à

l'autre. Enfin, le peintre s'intéresse davantage à la composition d'ensemble qu'aux détails, cherchant ainsi à obtenir une synthèse décorative.

Cependant, les primitifs italiens ne rejettent pas tous les usages du gothique. Ainsi, la peinture de Giotto reste essentiellement religieuse, qu'elle s'exprime dans des fresques décoratives ou sur les retables des églises. Le peintre aime tout particulièrement traiter la Crucifixion ou les épisodes de la vie de saint François. De plus, des motifs médiévaux, comme les quadrilobes (motifs constitués de quatre arcs de cercle égaux autour d'un centre de symétrie), par exemple, sont récurrents dans ses œuvres.

Une autre nouveauté attribuée à l'artiste, qui découle de ses expérimentations sur la perspective et de l'humanisation des personnages, réside dans le fait qu'il ne peint plus en fonction de son sujet mais en fonction du spectateur. Contrairement aux œuvres des siècles passés, remplies de Dieux juges aux regards tournés vers les pécheurs qui les contemplent, Giotto crée des scènes où les personnages peints interagissent entre eux. Ses tableaux deviennent alors des fenêtres sur un monde illusionniste qu'il met tout son talent à rendre le plus réaliste possible.

LA TECHNIQUE *A FRESCO*

À côté des retables d'autel et des petits panneaux de bois destinés aux dévotions privées, la fresque est la technique la plus appréciée des peintres du XIVe siècle, et Giotto ne déroge pas à la règle, même si on lui connaît plusieurs œuvres peintes *a tempera* sur panneaux de bois. À l'inverse de la technique *a tempera*, la peinture *a fresco* est plus rapide et peu onéreuse.

L'essentiel du travail artistique se déroule en amont de l'œuvre : il s'agit du travail préparatoire et des dessins préliminaires, élaborés avec soin. Ensuite, l'exécution se doit d'être rapide (de 24 heures à quelques jours). En effet, le peintre réalise son œuvre sur un enduit frais, appelé *intonaco*, même si de nos jours le terme de « fresque » est utilisé à tort pour désigner n'importe quelle peinture murale. Il est impératif que le médium ne soit pas encore sec au moment où la peinture est appliquée : cela permet aux pigments de pénétrer directement dans la masse. Les couleurs restent alors vives et durent bien plus longtemps que dans une simple peinture murale. Cette technique nécessite donc une grande habileté et une excellente préparation afin que l'œuvre puisse être entièrement exécutée entre la pose de l'enduit et son séchage complet.

Contrairement à ses prédécesseurs, qui enduisaient bien souvent l'entièreté d'un mur, Giotto a toujours mis un point d'honneur à s'occuper d'une petite surface à la fois afin de garder ses enduits bien frais pour recevoir ses pigments. Cela améliore non seulement le rendu des couleurs, mais aussi la qualité de conservation de ses fresques.

LE SAVIEZ-VOUS ?

La technique picturale dite « *a tempera* » utilise une émulsion aqueuse ou huileuse comme liant. Elle est alors appelée « maigre » ou « grasse ». Cette technique s'illustre dans la peinture à l'eau utilisée depuis la nuit des temps partout en Europe. On peut également lui ajouter de l'œuf pour faciliter la liaison des pigments. Elle est utilisée sur du plâtre ou sur des panneaux de bois recouverts d'un enduit appelé *gesso*.

UNE GLOIRE INÉDITE POUR L'ÉPOQUE

Suite au formidable développement des arts au *trecento* et à l'apparition de nouveaux commanditaires privés, les artistes émergent peu à peu de l'anonymat dans lequel ils étaient confinés jusque-là. À travers la grande littérature (celle de Pétrarque, Dante ou Boccace) et les traités de personnalités reconnues comme Cennino Cennini (*Il Libro dell'arte*, entre 1396 et 1437), une nouvelle conception de l'artiste se répand en Italie. Les activités manuelles, auparavant reléguées au rang de simple artisanat, sont valorisées, la peinture en particulier, et les peintres jouissent désormais d'une nouvelle reconnaissance sociale.

Ainsi, de son vivant, Giotto connaît une gloire encore inégalée à l'époque. Giovanni Villani (1276-1348), un célèbre chroniqueur florentin, ne tarit pas d'éloges à son égard, arguant qu'il « est devenu un homme illustre de Florence, apportant à sa cité la gloire d'avoir ressuscité la Peinture et de renouer avec la tradition des Anciens ; devenu capable de donner vie à une représentation réaliste de la Nature, il rend à la Peinture sa dignité culturelle et en fait l'égale des arts libéraux » (*Nuova Cronica*, 1333-1341). Cette célébrité annonce déjà la Renaissance, qui verra de nombreux artistes accéder à la notoriété.

SAINT FRANÇOIS CHASSE LES DÉMONS D'AREZZO

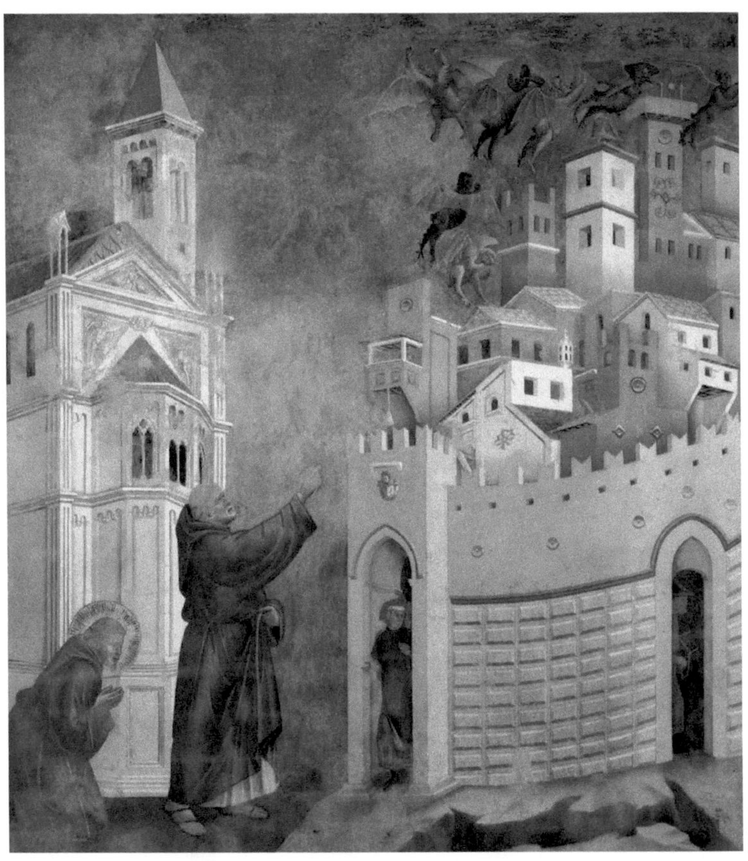

Saint François chasse les démons d'Arezzo, vers 1300, fresque, 270 x 230 cm, Assise, basilique Saint-François.

Selon Giorgio Vasari, c'est le frère Giovanni di Mure, haut dirigeant des franciscains de la basilique Saint-François, qui appelle Giotto à Assise entre la fin du xiiie siècle et le tout début du xive siècle. Les fresques qu'il y peint illustrent la vie de saint François et constituent un parfait exemple des innovations que l'artiste apporte à la peinture occidentale. Les murs de la basilique servent en quelque sorte de laboratoire à Giotto qui s'essaye à rendre des effets de perspective et, à force d'observation, à transposer sur son médium une représentation fidèle de la réalité.

Dans *Saint François chasse les démons d'Arezzo*, l'artiste oppose la grandeur de l'Église (à gauche) à la ville d'Arezzo aux prises avec les démons (à droite). On voit clairement les efforts du peintre dans le dessin du rempart (symbolisant la puissance de la cité) qui donne parfaitement l'illusion d'encercler la ville. Malgré certaines maladresses dans les proportions des maisons, la perspective est bien respectée et Giotto nous livre une représentation fidèle d'Arezzo, avec son enchevêtrement coloré de bâtiments, de tours et de belvédères.

La scène représentée ici est tirée de la biographie officielle de saint François d'Assise, rédigée par saint Bonaventure (vers 1221-1274). L'épisode dont il est question se déroule lors des guerres civiles d'Arezzo. On peut apercevoir saint François agenouillé et en prière derrière un frère, Sylvestre, en train de procéder à l'exorcisme de la ville : « Démons, de la part de Dieu tout-puissant et par ordre de son serviteur François, déguerpissez tous d'ici ! » (BONAVENTURE, *Legenda Maior*, 1263)

Le chantier de Saint-François permet également à Giotto d'améliorer la technique de la fresque : il travaille sur de petites surfaces pouvant être peintes en un jour, et non sur toute l'étendue à recouvrir à l'instar de Cimabue. Comme l'enduit est toujours bien humide, les pigments pénètrent en profondeur et de manière uniforme. Cela explique en partie pourquoi, à l'intérieur de la même basilique, les fresques de l'élève sont mieux conservées que celle du maître.

LA VIERGE D'OGNISSANTI

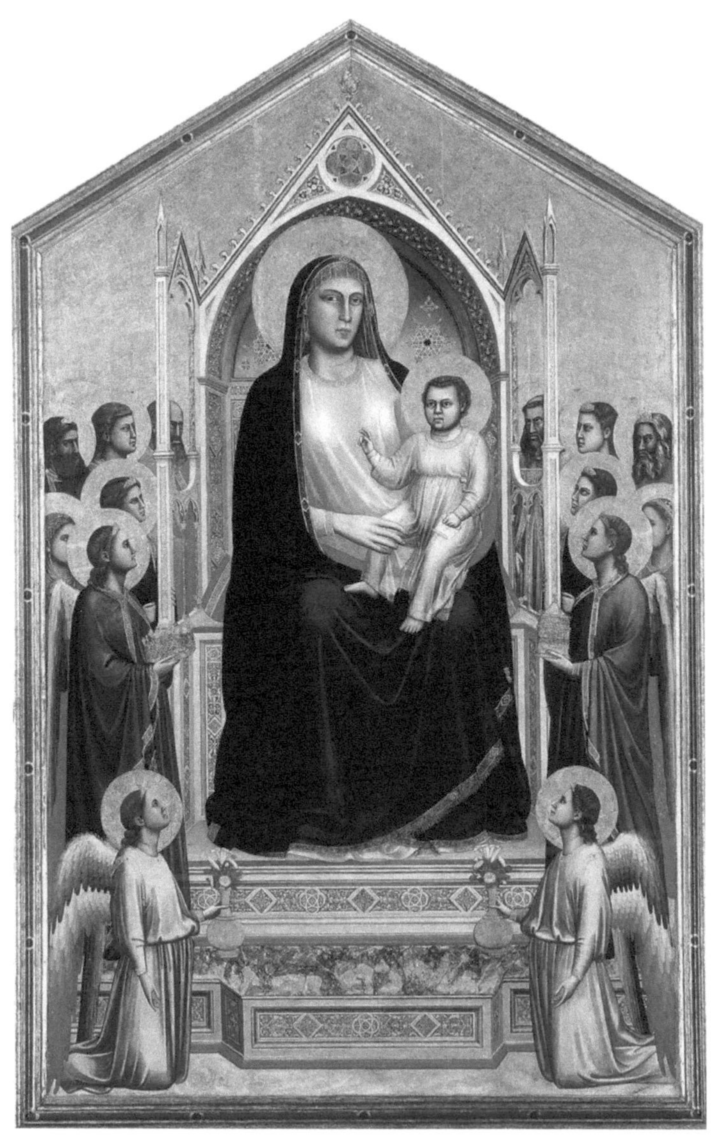

La Vierge d'Ognissanti, 1300-1303, tempera et or sur bois, 325 × 204 cm, Florence, Galerie des Offices.

À côté de ses fresques murales, Giotto peint également des œuvres religieuses sur panneau de bois. C'est le cas de ce retable exécuté pour l'église des Ognissanti (« l'église de tous les saints », en français) à Florence. Il s'agit de prime abord d'une Vierge en majesté classique, un thème très courant tout au long du Moyen Âge qui consiste à représenter Marie sur un trône. On reconnaît les caractéristiques habituelles de ce type de tableau : le fond d'or, la composition centrale, la pose hiératique de la Vierge et la présence des anges et des apôtres de part et d'autre.

Cependant, tout en réutilisant ces différents éléments constitutifs de la peinture byzantine, le peintre propose une tout autre approche. Tout d'abord, il modèle ses tissus pour faire apparaître le corps de la Vierge : celle-ci n'est, dès lors, plus seulement considérée comme la mère de Dieu, mais comme une femme à part entière. De même, sa poitrine est légèrement esquissée sous son corsage, ce qui était totalement impensable pour un artiste des siècles précédents. Ensuite, il humanise ses personnages, en dépit de leur divinité. Ainsi, les protagonistes sont différenciés et individualisés : il ne s'agit pas d'un groupe compact d'adorateurs, mais de physionomies singulières.

Aussi Giotto essaie-t-il d'instaurer une représentation réaliste et cohérente du décor : il s'essaie à la perspective en traçant des diagonales à partir du trône (préfigurant ainsi des lignes de fuite), en jouant sur les détails architecturaux et en plaçant les multiples personnages sur différents plans. Enfin, il oriente son espace pictural du point de vue du spectateur : c'est ce dernier qui regarde la scène et non l'inverse, certains personnages l'ignorant même pour observer Marie. L'artiste crée ainsi une fenêtre par laquelle l'observateur regarde interagir les intervenants du tableau.

ANNONCE DE L'ANGE À SAINTE ANNE

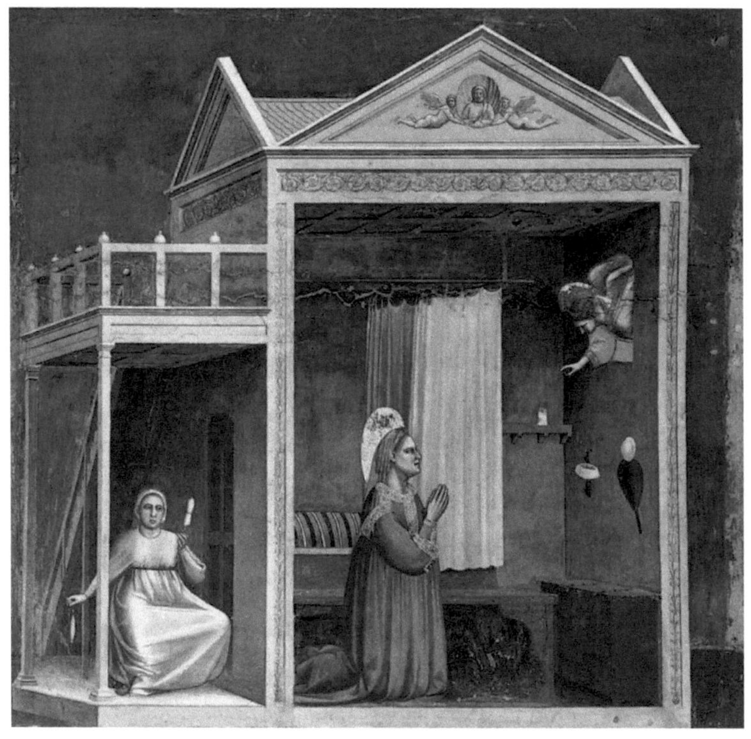

Annonce de l'Ange à sainte Anne, 1303-1305, fresque, 200 × 185 cm, Padoue, église de l'Arena, chapelle Scrovegni.

Les fresques de la chapelle Scrovegni de l'église de l'Arena à Padoue – il s'agit d'une petite chapelle gothique construite sur le terrain d'une ancienne arène romaine, d'où son nom – ont été commandées au début du XIVe siècle par Enrico Scrovegni (mort en 1336). Il s'agit d'un banquier à la réputation sinistre, au point que Dante Alighieri, un siècle plus tard, le condamne aux tourments du septième cercle de l'Enfer dans sa *Divine Comédie*.

Ici encore, on note les efforts de l'artiste pour créer un espace cohérent sans pour autant détenir les clés de la perspective. Les points de fuite sont déjà calculés en fonction du spectateur afin d'accentuer l'impression de fenêtre sur la composition, si chère à Giotto. Il y dépeint un épisode que l'on pourrait presque qualifier de domestique. En effet, une indiscrète fileuse de laine, à gauche, semble surprendre la scène pieuse – l'annonciation de la naissance de la Vierge Marie à sainte Anne par un ange – en même temps que le spectateur. La chambre est meublée et semble ouverte aux regards.

Cette nouvelle conception de la peinture tranche avec les annonciations des siècles précédents, dans lesquelles les figures avaient l'air de flotter dans un univers céleste baigné d'une lumière dorée et irréelle. Dans cette œuvre, les personnages ont au contraire quelque chose de très humain qui transparaît non seulement à travers la composition du tableau, mais aussi dans le rendu anatomique des figures, notamment par les modelés et l'expressivité des visages.

DANTE ALIGHIERI

À l'instar de Giotto, Dante Alighieri est l'un des artistes phares de la ville de Florence au XIVe siècle. Souvent considéré comme le père de la langue italienne, il est, avec Pétrarque (1304-1374) et Boccace (1313-1375), à l'origine de la diffusion du toscan comme langue littéraire. Son œuvre majeure, *La Divine Comédie* (rédigée entre 1306 et 1308), considérée comme l'un des plus grands chefs-d'œuvre de la littérature mondiale, raconte son voyage imaginaire à travers l'au-delà. Dans ce monde extrêmement hiérarchisé (les neuf cercles de l'Enfer, les sept gradins de la montagne du Purgatoire et les neuf cercles du Paradis), il rencontre des personnages très variés allant des grands philosophes et poètes antiques (à l'image de Virgile, son guide aux Enfers) à des personnalités locales contemporaines.

TRIPTYQUE STEFANESCHI

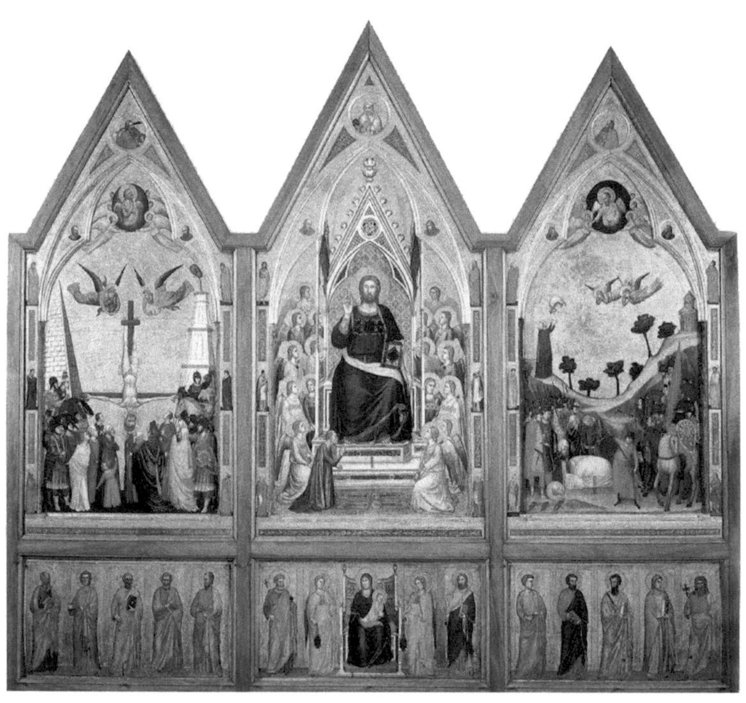

Triptyque Stefaneschi, 1315-1320, tempera sur panneau de bois, 222,4 × 254 cm, Rome, Vatican, pinacothèque.

Le commanditaire de ce retable n'est autre que le cardinal Giacomo Stefaneschi (1260-1343), qui le destine au maître-autel de l'ancienne basilique Saint-Pierre de Rome. Il est d'ailleurs représenté en prière et vêtu de bleu sur les deux faces peintes du retable (visibles donc par les fidèles mais aussi par les prêtres), sur les panneaux centraux. En effet, dans ce contexte troublé où les papes ont élu pour un temps leur domicile à Avignon, le cardinal espère que le prestige de cette œuvre ramènerait la papauté à Rome – prestige dû en partie au coût du retable, 800 florins, un prix très élevé pour l'époque.

Il s'agit de l'un des rares tableaux du peintre qui peut être daté avec certitude. Au XVIIe siècle, on a découvert sur la trame originale de l'œuvre la date de 1320. Cette datation est également confirmée par la représentation picturale de Célestin V (1215-1296), qui fut seulement canonisé en 1313 : l'œuvre ne peut donc être antérieure à cette date. En effet, les canonisations donnaient souvent naissance à une dévotion renouvelée pour les saints canonisés, avec son lot de représentations et d'odes.

Malgré le fond d'or, l'artiste a ajouté des éléments architecturaux qui tendent à ancrer les scènes représentées dans le monde humain plutôt que dans le monde divin. On peut même voir l'ébauche d'un paysage sur le panneau de droite. Le Christ, au recto, et saint Pierre, au verso, occupent les panneaux centraux où ils trônent en majesté, entourés d'anges et de personnages en prière. Les panneaux latéraux entourant le Christ figurent des scènes du *Nouveau Testament* et des martyres de saints alors que ceux qui entourent saint Pierre représentent des saints avec leurs attributs.

La perspective, bien que maladroite, offre déjà des effets de profondeur et de modelé des corps. Comme dans ses œuvres précédentes, Giotto conçoit une nouvelle vision de la peinture tout en plongeant dans ses racines gothiques et byzantines.

GIOTTO,
UNE SOURCE D'INSPIRATION

L'impact de Giotto sur ses contemporains et ses successeurs est énorme, au point qu'émergent des mouvements artistiques locaux appelés écoles giottesques, soit au contact de l'artiste lui-même, soit grâce à sa renommée grandissante. Les plus célèbres sont certainement les écoles de Rimini et de Forlì (en Émilie-Romagne, au nord du pays), ainsi que les écoles romaine, napolitaine, lombarde et ombrienne. Ces mouvements s'éteignent toutefois dès 1350, éclipsés par les idées renaissantes.

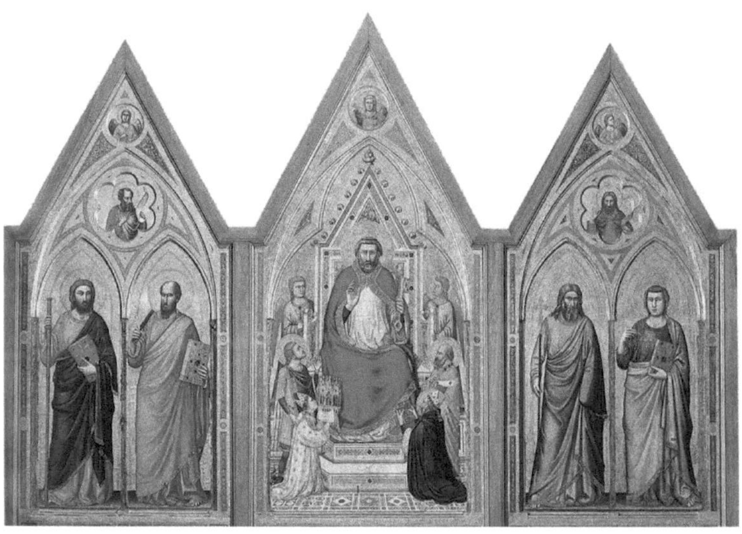

Menabuoi (Giusto de), *Annonciation*, 1375-1376, fresque, 180 × 140 cm, Padoue, Baptistère du Dôme de Padoue.

Giusto de Menabuoi (vers 1330-1391) passe l'essentiel de sa carrière à Padoue, sous la protection de François l'ancien (1325-1393). Son œuvre la plus célèbre est la série de fresques qu'il peint pour le baptistère du Dôme de Padoue. L'influence de Giotto, et principalement des fresques padouanes de la chapelle Scrovegni, est indéniable. Si à première vue, son *Annonciation* semble traditionnelle – il s'agit en effet d'un motif gothique très courant –, elle reprend pourtant les idées novatrices de l'artiste florentin. Ainsi, le peintre place la scène dans un espace de vie issu du quotidien, et va même jusqu'à créer une construction architecturale complexe, appuyée par un système de perspectives primitif, qui semble s'échapper dans la profondeur du tableau à travers une baie ouverte.

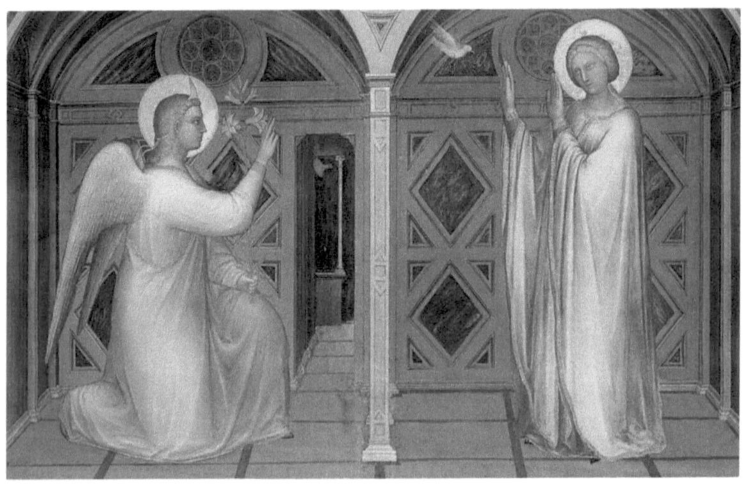

GIOTTINO, *Pietà de San Remigio*, 1360-1365, tempera sur bois, 195 × 134 cm, Florence, Galerie des Offices.

Cependant, l'aspect géométrique et les essais de perspective ne sont pas les seuls aspects de l'art giottesque que les successeurs de l'artiste s'approprient. Comme on peut le voir dans la *Pietà de San Remigio* de Giottino – considéré à tort comme le fils de Giotto –, les principes de réalisme et d'humanisation des figures sacrées sont également empruntés au maître. Le corps du Christ est délicatement modelé et les attitudes très expressives des pleureuses sont rendues à travers les plis de leurs vêtements. Cette démonstration de pathos n'existait pas encore au siècle précédent.

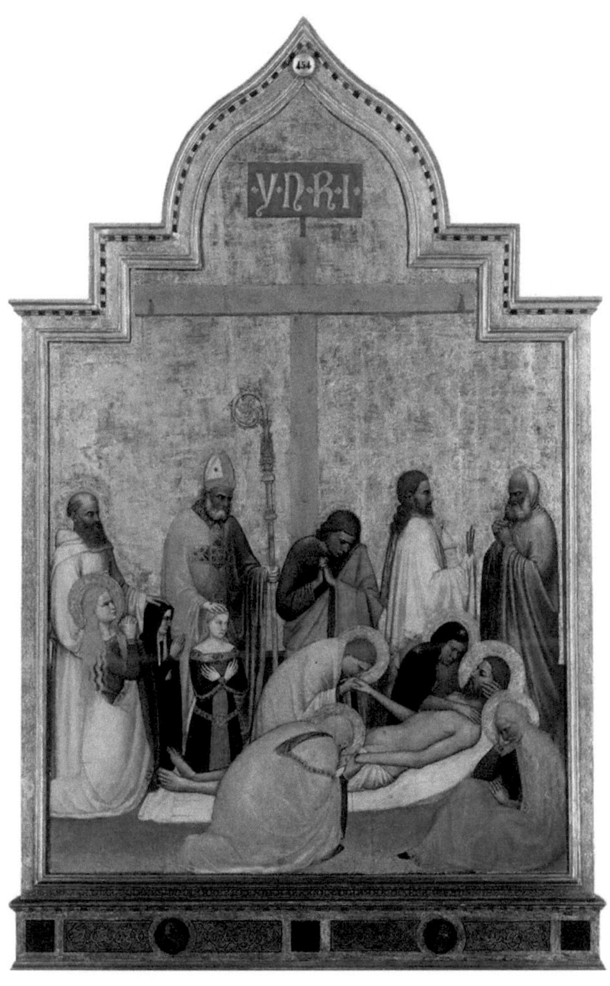

Lorenzetti (Pietro), *L'Arrivée du Christ à Jérusalem*, vers 1320, fresque, 244 × 310 cm, Assise, basilique Saint-François d'Assise.

La volonté de naturalisme giottesque est poussée à son apogée dans les fresques que peint Pietro Lorenzetti (1280-1348) pour l'église inférieure de la grande basilique d'Assise. Le Siennois abandonne les archétypes byzantins de son époque pour proposer un panel de personnages très différents les uns des autres. Ainsi, les apôtres sont représentés chacun de manière singulière, et non plus comme un groupe compact d'accompagnateurs. Judas, par exemple, le seul apôtre représenté sans auréole, possède une expression maussade annonçant sa future trahison.

Les efforts fournis dans la succession des bâtisses qui composent la ville de Jérusalem sont également louables. La composition est inventive et le tableau dénote déjà d'une certaine maîtrise dans le rendu des volumes architecturaux. En outre, le fond d'or est remplacé, ici, par un ciel bleu tel que l'esquisse déjà Giotto dans ses propres fresques à Assise.

Enfin, il est intéressant de remarquer que l'œuvre de Lorenzetti diffère de celle de son maître par l'utilisation d'une palette de couleurs bien plus variée et contrastée qui s'explique par les origines de l'artiste. En effet, la peinture siennoise s'est toujours distinguée par une utilisation très marquée de la couleur. Cela montre bien que, si Giotto a eu une influence considérable sur la génération qui l'a suivi, celle-ci ne s'est pas contentée d'une simple imitation. Elle a su, au contraire, proposer une réelle réinterprétation des grands principes mis au goût du jour par l'artiste.

EN RÉSUMÉ

- Giotto di Bondone, né en 1266 ou en 1267, est un peintre pré-renaissant qualifié, avec d'autres, de « primitif italien » dans le sens où il annonce les changements artistiques de la Renaissance.

- Unanimement considéré par ses contemporains comme un peintre illustre, il est l'une des plus grandes fiertés de la ville de Florence, qui lui décerne le titre de « grand maître », à une époque où les artistes sortent peu à peu de l'anonymat pour accéder à la reconnaissance.

- Il est probable que Giotto ait été l'élève du célèbre peintre Cimabue et que sa première œuvre importante soit les 28 fresques de la *Vie de saint François* dans la basilique de Saint-François à Assise, à la fin du XIIIe siècle. Mais ses œuvres majeures sont sans conteste les fresques qu'il a peintes pour la chapelle Scrovegni de Padoue. Elles constituent un véritable tournant dans la peinture occidentale.

- De manière générale, le style de Giotto rompt avec la tradition byzantine des siècles précédents. Il introduit le réalisme en peinture, s'inspirant de la nature, et développe trois nouveaux principes : l'humanisation des personnages, l'introduction des paysages et l'abolition progressive du fond d'or, et la création d'architectures complexes grâce à des essais de perspective. Par ailleurs, ses œuvres sont peintes en fonction du spectateur et non plus du point de vue du sujet représenté. Giotto crée ainsi des scènes où les personnages interagissent entre eux.

- Toutefois, l'artiste ne rejette pas entièrement le gothique : sa peinture reste essentiellement religieuse, qu'elle s'exprime dans des fresques décoratives ou dans des panneaux peints. Giotto aime tout particulièrement traiter la Crucifixion ou les épisodes de la vie de saint François.

- Son influence sur la peinture est immense : de son vivant, plusieurs écoles locales fleurissent partout où il voyage, les plus connues étant celles de Rimini et de Forlì, au nord du pays. On les appelle les écoles giottesques.

POUR ALLER PLUS LOIN

SOURCES BIBLIOGRAPHIQUES

- BELLOSI (Luciano), *Giotto et son héritage artistique*, Paris, Le Figaro, 2008.
- BERNARD (Edina), *Histoire de l'art du Moyen Âge à nos jours*, Paris, Larousse, 2006.
- BRION (Marcel), *Giotto*, Paris, Rieder, 1928.
- CARVALHO (Roberto), *Le Petit Livre du grand art. De la peinture occidentale de la préhistoire au post-impressionnisme*, Paris, Gründ, 2005.
- CROUÉ (Gilbert), *Les Primitifs Italiens. Du ciel d'or divin au ciel bleu de la terre*, Nice, Arts et vie, 2002.
- FLORES D'ARCAIS (Francesca), *Giotto*, Arles, Actes Sud, 2001.
- MIGNOT (Claude) et RABREAU (Daniel), *Temps modernes. XVe-XVIIIe siècles*, Paris, Flammarion, 1996.
- PLEYNET (Marcelin), *Giotto*, Paris, Hazan, 1985.
- TAZARTES (Maurizia), *Giotto*, Milan, Rizzoli, 2004.
- VASARI (Giorgio), *Vies des artistes (Vies des plus excellents peintres, sculpteurs et architectes*, Paris, Grasset & Fasquelle, 2007.

SOURCES ICONOGRAPHIQUES

- GIOTTINO, *Pietà de San Remigio*, 1360-1365, tempera sur bois, 195 × 134 cm, Florence, Galerie des Offices. La photo reproduite est réputée libre de droits.
- GIOTTO, *Annonce de l'Ange à sainte Anne*, 1303-1305, fresque, 200 × 185 cm, Padoue, église de l'Arena, chapelle Scrovegni. La photo reproduite est réputée libre de droits.

- GIOTTO, *La Vierge d'Ognissanti*, 1300-1303, tempera et or sur bois, 325 × 204 cm, Florence, Galerie des Offices. La photo reproduite est réputée libre de droits.
- GIOTTO, *Saint François chasse les démons d'Arezzo*, vers 1300, fresque, 270 × 230 cm, Assise, basilique Saint-François. La photo reproduite est réputée libre de droits.
- GIOTTO, *Saint François prêchant aux oiseaux*, 1297-1299, fresque, 270 × 200 cm, Assise, basilique Saint-François. La photo reproduite est réputée libre de droits.
- GIOTTO, *Triptyque Stefaneschi*, 1315-1320, tempera sur panneau de bois, 222,4 × 254 cm, Rome, Vatican, pinacothèque. La photo reproduite est réputée libre de droits.
- LORENZETTI (Pietro), *L'Arrivée du Christ à Jérusalem*, vers 1320, fresque, 244 × 310 cm, Assise, basilique Saint-François d'Assise. La photo reproduite est réputée libre de droits.
- MENABUOI (Giusto de), *Annonciation*, 1375-1376, fresque, 180 × 140 cm, Padoue, baptistère du Dôme de Padoue. La photo reproduite est réputée libre de droits.

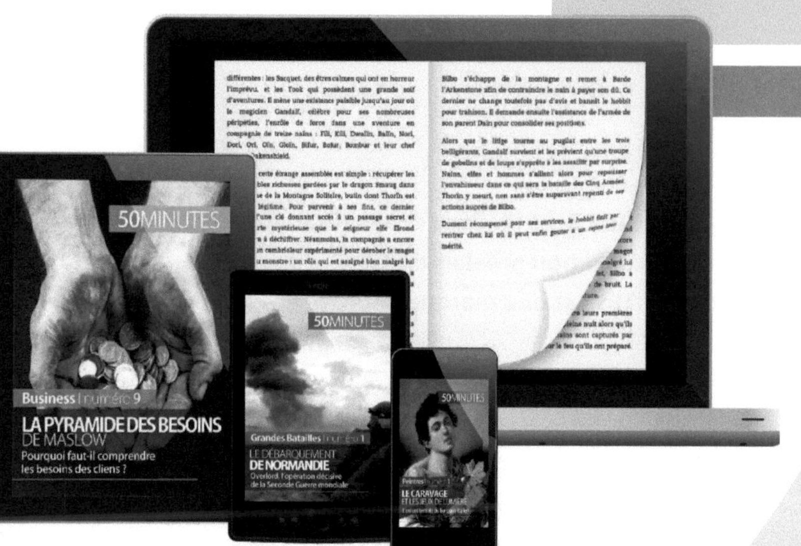

www.50minutes.com

Éditeur responsable : Lemaitre Publishing
Rue Lemaitre 4 | BE-5000 Namur
info@lemaitre-editions.com

ISBN ebook : 978-2-8062-5812-0
ISBN papier : 978-2-8062-5813-7
Dépôt légal : D/2014/12603-175
Photo de couverture : © *Saint François prêchant aux oiseaux*, par Giotto, 1297.

Conception numérique : Primento, le partenaire numérique des éditeurs